DANSKE HAVER

Fotograferet af Max Svenningsen

Redaktion: Finn Edvard ★ Layout: Helle Meyer-Jensen
Sats: dk·grafik, Albertslund ★ Repro: Meyer-Jensen A/S, Brønshøj
Tryk: Vestergaard Pedersen, Albertslund
Forlaget Havebøgerne, DK 2700 Brønshøj, 1991 ★ ISBN 87-983670-0-5

INDE I BOGEN . . .

Kongeligt på Frederiksberg

Det Kongelige Danske Haveselskabs Have på Frederiksberg er en af de få haver, der drives af et haveselskab. Kongelig er denne smukke 100-årige have da også - og spændende er alle de 25.000 kvadratmeter, som haven breder sig over. Udenfor drøner busser og biler afsted, men kom med indenfor og oplev en have fra en anden verden.

SIDE 80

Grønt og blåt ved Øresund

Villa Rivera på Tårbæk Strandvej er en af de mest imponerende af de klassiske strandvejsvillaer.

I et sydlandsk terrazzomiljø er det lykkedes at genskabe en Middelhavs-stemning, der i en enkel botanisk ramme passer fint ind i helheden ved Øresunds kyst.

SIDE 54

Flora på granitøen

Selvfølgelig er der flora på granitøen Bornholm. Masser af flora endda.

På den danske paradisø skal vi besøge nogle mennesker, der dyrker deres haver på en særlig raffineret måde. Vi skal også på et visit i den populære Brændegårdshaven (billedet), hvor der er masser af spændende ting og sager for botanisk interesserede.

SIDE 36

Et lille herresæde

Allerede ved indkørslen til "Højgaard" i den jyske landsby Jordrup, fornemmer man en oplevelse. De besøgende bliver ikke skuffet: Familien Kjær Petersen har skabt noget ganske særligt.

SIDE 104

Her passer farverne sammen

Til den nordsjællandske pragtplet "Borsholmgård" hører der en yndefuld og fin have. Den er skabt af en meget spændende havedame, der gør en stor indsats for at skærpe interessen om havearbejdet i Danmark. Selv går hun i spidsen for smukke, botaniske omgivelser med en sjælden evne til at kombinere symmetri og harmoni.

SIDE 24

Antik i haven

Der er masser af antik i haven til "Sletten antik" - et af de hyggelige islæt i det lille leje ved Øresund, Sletten. Indenfor er der smukke gamle ting, men mange beundere de farverige vækster, der gror lystigt i den iøjnefaldende forhave. Den vidtvoksende flora er et fornemt blikfang til de mange, gamle sager.

SIDE 120

Den gamle Have

Tivoli er et stykke dansk havekultur i sig selv. Danske og udenlandske gæster har oplevet den sælsomme trivsel, der findes midt mellem gynger og karruseller - et stykke dansk egenart, der ikke kan beskrives, men som simpelthen skal opleves.

SIDE 138

INDE I BOGEN . . .

Haven i Skovshoved

Midt på den mere end idylliske Skovshoved Strandvej, bor en rank og rørig dame, der trods en høj alder stadig tager sin daglige rotur på Øresunds bølge den blå. Havearbejdet går hun også højt op i - se selv hendes spændende have midt i det gamle fiskerleje.

SIDE 22

Det tropiske Nordsjælland

Der skal ikke meget fantasi til for at føle sig hensat til troperne, når man besøger en spændende havefamilie i byen Nygård, tæt ved den smukke Kattegatkyst ved Nordsjælland. Men det var der ikke mange, der havde regnet med, da familien rykkede ind for 23 år siden. Dengang kaldte man stedet for ''møghullet''.

SIDE 12

Osse en have

En af de mest utraditionelle haver i Danmark - ja, i hele verden, finder vi i forlystelsesetablissementet Dyrehavsbakken nord for København. Her har den driftige bestyrer af den berømte rutchebane indrettet sig med en lille have mellem hujende børn, hvinende voksne og en umiskendelig stemning af opstemt hurlumhej. Til andre tider kan der være så stille som ingen steder.

SIDE 95.

En klassisk landbohave

Helt ude på landet, hos en landbofamilie i Vester Broby på Vestsjælland, finder vi en sjælden, kreativ landbohave. Denne smukke, vestsjællandske have, bliver ikke kedeligere af det nysgerrige kvæg, der fremstår som en noget utraditionel ramme til elegante beplantninger.

SIDE 48.

Et kapitel for sig

Havekolonier i Danmark er et kapitel for sig. Noget meget dansk. Her trives den kreative havearkitekt side om side med den glade amatør – fælles for dem begge er, at de nyder at få noget til at gro.

SIDE 108

Dronningens have

Det er ikke til at se det, hvis man ikke lige ved det, men søen her på billedet er ligefrem genstand for royal beundring. Det er nemlig slotssøen til dronning Ingrids yndlingsslot, Gråsten Slot i Sønderjylland. Her beskæftiger dronning Ingrid sig med sin store haveinteresse – til glæde for folk og fæ, der frit har adgang til den kønne slotshave.

SIDE 56.

Haven ude på landet

Når vi er rigtig meget i Jylland, så er vi bl.a. mellem Kolding og Vejle. På en lige landevej træffer vi et dejligt par, der har skabt noget nær en botanisk nydelse – en pragtfuld have, der i dag med en vis stolthed vises frem for interesserede. Og dem er der mange af, for der er virkelig noget at kigge på.

SIDE 16.

F O R O R D

Af professor Asger Klougart, formand f. Østifternes Haveselskab.

Smukke danske haver

Havebøger er i de senere år blomstret op med en imponerende væksthastighed. Haven betragtes og behandles fra mange synsvinkler og ikke mindst er mange udenlandske værker blevet præsenteret på det danske marked.

Det er der ikke noget galt i, for der bør ikke være grænser for inspiration.

At søge efter en "dansk havestil" er et håbløst foretagende. Mangfoldighed og forskellighed er det, der falder i øjnene, når vi færdes ude i Danmarks haver.

Skulle man endelig karakterisere dansk havestil, må det være *individualiteten* – haven skabt efter egne lyster, behov og evner. Restriktionsfrihed bag havehækken.

Denne bog er en fotografs engagerede reportage af, hvad denne frie udfoldelse har skabt af forskellighed. Ikke to haver ligner hinanden og det er denne bogs klare budskab, at mennesker kan med planter og andre materialer skabe levesteder og æstetiske perler på utallige måder.

Nogle har evnen til selv at skabe, andre får hjælp fra landskabsarkitekter og konsulenter, men det er altid *kærligheden* og interessen, der sætter de tydeligste spor.

Haver er oplagte motiver for farvefotografien, hvilket ses tydeligt i vore uge- og fagblade. Haveejere er normalt glade for at vise deres frembringelser. Det at blot kigge over havehækken fra vejen giver nok et brudstykke, bedre er det at komme indenfor og tale med havemand og havekone.

Haveselskaberne arrangerer jævnligt "åbne haver" for at vise hvad der kan nås, selv på begrænset plads.

Denne bog vil med kamera og farvetryk åbne for mange af Danmarks haveskatte, give ideer til egne havearrangementer og måske endda opsøge nogle af de omtalte haver, hvor jeg tror, man bliver vel modtaget, som fotografen er blevet det.

Vi vil længes efter at se det selv, og det er vel også meningen med denne smukke bog.

Den gamle samlerhave

I et af de bedst bevarede landsbymiljøer på Sjælland finder vi bondebyen Gadstrup.

Midt i byen – lige overfor den travle brugs – bor Inger Eriksen med sin familie. Inger Eriksen er godt kendt på egnen – hun er postbud – og der er ikke mange, hun ikke kender i byen.

Sammen med sin mand overtog Inger Eriksen en brandtomt helt tilbage i 1958. Brandtomten havde ligget hen siden 1947, men da det flittige ægtepar kom til, skete der endelig noget på stedet.

Fra første dag begyndte Inger Eriksen og hendes mand at planlægge den fornemme samlerhave, det er blevet til i dag.

– Min mand tog sig af alt det grove. Han slog græs, flyttede sten m.m. Og det er stadig hans opgave i dag. Haven er fyldt med dejlige vækster – og for den sags skyld også dejlige frugter og grøntsager. En herlig oase midt i det gamle bondeland.

Inger Eriksen hylder det princip, at alt, hvad der blomstrer, er dejligt. Derfor er der også mange forskellige vækster i denne fine samlerhave, af bl.a. skal nævnes særligt fine vækster af fuchsia, orkideer, surbundsbed samt i urtehaven.

Også om vinteren er der noget at kigge på hjemme hos familien Eriksen. En fornem og udsøgt samling orkideer har sin egen afdeling i familiens rummelige landvilla. Hos familien Eriksen kan man ligefrem fornemme, hvordan tingene trives og gror. Det er en fornøjelse at være gæst i familiens have. Det kan man også få lov til, hvis man aftaler det forinden: Familien har en såkaldt "åben have", som gerne tager imod gæster.

Det tropiske Nordsjælland

Lidt væk fra alfarvej, tæt på den skønne Kattegatkyst ved Hellebæk, ligger byen Nygård.

Heroppe bor Fini Vilbum med sin søde kone og datter, Sonja og Susie (billedet).

Ægteparret købte deres have og ejendom for 23 år siden. Dengang var stedet ikke den pryd, som det er i dag.

Faktisk blev stedet kaldt for "møghullet" af de lokale beboere, der ikke fattede en pind af, at der var nogen, der gad købe den rønne. Men det fatter de i dag . . .

Ægteparret blev irriteret over at høre den slags snak, og da Fini Vilbom slog græsset den første gang, besluttede han sig til at skabe den prydhave, der i dag fremstår som en af Nordsjælland flotteste haver. Og det siger ikke så lidt. Men stedet er faktisk lidt af et tropisk paradis – midt i Nordsjælland . . . I dag modtager familien besøg af diverse haveselskaber – og al parrets fritid går med at passe den dejlige have.

Det koster sved – og ikke mindst penge, men til gengæld er familien også en af de få haveentusiastiske familier, der ikke alene holder en smuk have, men rent faktisk også er i stand til at sætte sig ned og nyde den. Der kommer mange dyr på besøg: Fasaner, rådyr, egern og alle slags fugle er daglige gæster. En slags oase for dyr og mennesker.

Hjemme hos Ellen og Hans

En af de prægtigste landbohaver i Midtjylland finder vi hos Ellen og Hans T. Højer, der bor i et dejligt landbohus i Alminde mellem Vejle og Kolding. Ægteparret har boet her siden 1961. Sammen har de skabt en smukt anlagt landbohave på 1½ tdr. land. Her finder vi store plantesamlinger samt en veldreven og indbydende køkkenhave.

Ægteparret deltager i havekredsarbejdet – og interesserede er da velkomne til at kigge indenfor i sommerhalvåret.

Og interesserede – det er der mange, der er. Hans T. Højer har været planteskolemand hele sit liv – og der er ikke nogen overdrivelse i, at han hjemme har skabt noget helt specielt – en dejlig have, som det er en sand fryd at spadsere rundt i.

Hans T. Højer lægger vægt på, at vi "går den rigtige vej rundt" – og det gør vi så. Joh, dette sted er noget ganske særligt.

Som visse andre jyder er Hans T. Højer beskedenheden selv. Men vi kan godt se, at der er lagt et kæmpearbejde i dette smukke sted – og det er primært min mands værk, lyder det fra Ellen Højer. "Jeg er kun arbejdsmand, men det er sandelig også sjovt".

Ægteparret har hentet mange af væksterne hjem fra udlandet. Bl.a. fra en rejse i USA samt fra rejser i Norge. Fra sidstnævnte land finder vi fjeldplanter, der gror fint på særlige stenhøje. Og kønt ser det naturligvis ud.

Gå en tur i Ellen og Hans Højers have – og fornem, hvordan man skaber en have, når man kan lide at beskæftige sig med havearbejde.

Hele dette sted bærer så tydeligt præg af, at dets skabere holder af at have med blomster og planter at gøre.

Haven og dens ingredienser er gang på gang blevet udvidet – til det, den er i dag. Et smukt og dejligt sted, hvor der er rart at være – og hvor der er masser at kigge på.

Børnene har ikke arvet deres forældres store interesse for havearbejdet. Men det kan jo komme. Inspirationen er lige uden for døren . . .

Fra flad mark til bjerghave

Det er i sandhed en ekstraordinær og udsøgt privathave, vi finder hjemme hos familien Bech-Petersen i Farum.

Her har primus motor bag den enestående have, lærer Per Bech-Petersen, skabt en 1000 kvm. stor parcelhushave med søer, moseparti og et lille vandfald.

Alle herlighederne ligger i et bakket terræn med lyng og enebær. Der er stenhøj, stauder og varieret bevoksning. Et helt enestående sted midt i et ganske almindeligt parcelhuskvarter i Danmark.

Per Bech-Petersen har realiseret en gammel drøm: Et bakket landskab, hvor man ad hyggelige stier føres gennem hele den danske natur i mini-format. En enestående, botanisk oplevelse.

Det store og velplanlagte staudebed sørger for, at der altid er overdådige blomster, men også på stenhøjen er der naturligvis skønne farver, når lyngen udfolder al sin pragt. En spændende, raffineret dansk privathave, iøvrigt med tydelig, japansk islæt.

Havens pryd er naturligvis søen med åkander og guldfisk. Og haven er ikke et levn fra istiden: Den skyldes hårdt arbejde med skovl og spade.

Haven i Skovshoved

Midt på den maleriske Strandvej i det gamle fiskerleje Skovshoved, bor en spændende dame, fru Heincka Gydesen.

Og det har hun gjort længe: I hele 66 år har fru Gydesen haft sin bopæl der, og det forstår enhver: Stedet er pragtfuldt.

Haven er fyldt med alverdens blomster: Der skal være så mange farver som muligt, siger fru Gydesen. Og så er her æbletræer med masser af saftige og sprøde æbler.

– Men den bedste årstid i haven er nu om efteråret, siger fru Gydesen. Jeg elsker duften af bladene, duften af det hele.

Det maleriske bindingsværkshus ligger som en pryd på vejen. Og bag ved den kønne have – med en større græsplæne, der fører op til "sommerhuset", der har sin egen, lille historie:

– Ja det har den, fortæller fru Gydesen. For huset var såmænd med på den store Nordiske Udstillling i Tivoli i 1888. Senere fik vi det kørt herud. Gode venner anvendte det til sommerhus.

Man forstår slet ikke, at man faktisk befinder sig få minutters kørsel fra den hæsblæsende hovedstad. Skovshoved er og bliver Skovshoved – en bydel, der gør godt for sjæl og krop.

Bag de små fiskerhuse gemmer sig mindre, frodige haver, der dels rummer plads til smukke blomster, der i høj grad benyttes til borddekorationer til hyggelige frokoster i de små stuer. Haverne benyttes flittigt til køkkenhaver, så familierne kan være selvforsynende med friske grønsager. Således også hos fru Gydesen, der sætter pris på sine "hjemmelavede" fødevarer.

En tur til Skovshoved er en udflugt i sig selv. Der er meget at kigge på – ikke mindst de mange små, hyggelige haver.

Her passer farverne sammen

Fru Alix Seidenfaden, der bor på den nordsjællandske pragtplet "Borsholmgård" ved Hornbæk, ynder at betragte sin have som et maleri: Farverne skal passe sammen. Der skal være symmetri og harmoni.

Og det er der skam også i familien Seidenfadens to tdr. land, hvor der tillige er fyldt med løgvækster samt sydligere placeret hele fire tdr. land med bl.a. grupper af 50 forskellige nåletræer.

Som forhenværende ambassadørfrue har Alix Seidenfaden boet over hele verden. Den inspiration kommer bl.a. familiehaven tilgode.

Og den store have hører ind under et af hendes områder – sammen med den fine, gamle havearkitekt C. Th. Sørensen har hun så godt som selv skabt hele området: Da familien flyttede ind på "Borsholmgård" for knap 30 år siden var der ikke meget have at kigge på.

Men det er der nu: Og gæsterne får den smukkeste introduktion til stedet, når de vandrer ind gennem den karakteristiske måneport (billedet).

Nu er hele egnen omkring "Borsholmgård" særdeles idyllisk og malerisk. Det forringer ikke just indtrykket af den dejlige have.

Et af de karakteristiske billeder ved familien Seidenfadens store have er taksen (det store billede), der er placeret helt op til huset. Tidligere havde den form som en osteklokke og var tæt og tung. Men det hjalp, da den blev stammet op.

Det er iøvrigt Alix Seidenfaden, der står bag udgivelsen af hæftet "Åbne haver i Danmark". Selv holder hun åben have på enkelte dage i sommermånederne, selv om hun aldrig har været vildt begejstret for sommerblomster. Hun og hendes mand, ambassadør Gunnar Seidenfaden, har meget ofte været bortrejst netop i disse måneder, så det har været vigtigst, at haven har været smuk forår og efterår.

Det er den så . . .

Et lille mesterværk

Prøv at ringe til Christian Petersen i Bagsværd. Jeg tror, han har den flotteste have i Danmark . . .

Sådan sagde en af de portrætterede haveejere i denne bog, da fotograf og forfatter var på besøg.

Og vi var velkomne hos Christian Petersen. Men betegnelsen "Danmarks flotteste have" ville han ikke høre tale om. Beskedent og næsten genert afviste han bestemt denne ærefulde titel.

Og den er da også svær at uddele, men de fleste, der har været på besøg i pragthaven i Bagsværd, har svært ved at huske en anden privathave i Danmark, der er flottere eller mere fantasifuldt anlagt.

Det skal siges, at Christian Petersen også har haft forudsætningerne for at udføre dette enestående stykke havearbejde: Som en af landets ansete havearkitekter har han hele tiden vidst, hvad han havde med at gøre.

For arkitekt Arne Jacobsen arbejdede han bl.a. med Nationalbanken og der har været mange andre, større anlægsarbejder for erhvervsliv og private.

Han har ofte besøg af interesserede - og også af presse og TV. Fuldt forståeligt: Der er masser at kigge på og rigtigt botanisk interesserede kan næppe nøjes med et enkelt besøg.

Christian Petersens have er et studie værd for alle – både for specialister og for glade amatører. Og så er det værd at bemærke, at arkitekten bag alt dette aldrig anvender redskaber i sin have: Christian Petersen bruger sine hænder.

Det er fyldt med spændende overraskelser: Svenske klipper er hentet ned til den alpine have. Alpevioler, bregner, spændende dværgarter, der med en lille smule fantasi kan minde om alt fra en japansk rosenhave til et amerikansk Texas-miljø.

Vi finder en hel Rhododendronskov, der mest af alt minder om en vældig og mystisk asiatisk jungle. Besynderlige lysvirkninger giver stedet et spændende præg, fyldt med finurlige nuancer.

Jagten efter spændende planter går nemt: Vi møder ustandseligt fremmedartede vækster og må endnu engang have forklaring af Christian Petersen.

Det er tydeligt at mærke, at dette sted er en virkelig hobby, og sandt er det, at Christian Petersens arbejde som havearkitekt gennem hele livet har været som en lang hobby.

Haven er bygget op i hele tre etager. Der er så meget at holde styr på, at Christian Petersens botaniske læresætning er værd at skrive sig bag øret: Inden man begynder at plante, så skal man sætte sig grundigt ind i, hvad man vil ha'. En sød lille plante kan 10 år senere vise sig at blive til et kæmpetræ, der ødelægger alt andet arbejde. Joh, man skal tænke sig om, sætte sig ind i sagerne, inden man går i gang. Vi ved jo, at det ligefrem kan være en stor sorg, når man er nødt til at fælde et træ, der bare er blevet for stort . . .

Ja, en stor sorg for alle, der er mestre til at få ting til at gro. Som Christian Petersen i Bagsværd.

Haven om det kongelige lysthus

Lysthus er næppe den korrekte betegnelse for det smukke Rosenborg Slot i København, men sandheden er, at kong Christian IV i 1606 anlagde den park, der stadig bærer navnet Kongens Have.

I haven opførte han et kongeligt lysthus, der endnu er kernen i Rosenborgs søndre halvdel.

Kongens Have optræder i dag som et pragtfuldt, botanisk åndehul midt i - dronningens København. Københavnerne valfarter til den smukke have, der bl.a. indeholder en smuk rosenhave og strålende staudebede. I midten af haven findes et imponerende krokustæppe.

Haven er et attraktivt mødested i sommermånederne, hvor kvarterets mange kontorfolk indtager deres frokost i de royale omgivelser.

Sverrig's Aas

De syv haver

Indehaverne af udflugtsstedet "De Syv Haver" minder med udpræget sans for markedsføring om, at stedet er placeret på "det varmeste sted" i Danmark.

Og pragtfuldt er her da også, her i bakkerne syd for Assens på Fyn. De syv haver er placeret i læ for de værste vinde, og på en dejlig sommerdag er det ikke svært at tro på reklamesedlens lokkende konstatering.

På selve udflugtshøjen er der plads til ca. 50 personer og mange benytter sig af lejligheden til at finde et kønt og spændende sted at spise den medbragte mad. Naturligvis kan det gå lidt ud over den botanisk interesserede med al den halløj, men man kommer ikke udenom, at der bydes på mange interessante vækster: 8000 kvm. med den smukkeste baggrundsudsigt: Lillebælt.

Her er fransk rosenhave, pompeiansk stenhave med vandspejl, en 200-årig kildelund, birkelund med løgvækster, bregnehave, prydgræshave, hele ni rhododendronafdelinger, blomstereng, mere end 600 buske og træer – med navneangivelse, hvis nogen skulle komme i tvivl . . .

De syv haver har smukke, høje stendiger med masser af alpine vækster, trapper m.m. Der har været lagt et stort arbejde i at udføre denne 25-årige, arkitekttegnede have. Ingen tvivl om det.

Flora på Granitøen

Om der er flora på Granitøen Bornholm? Ja, selvfølgelig er der det. Masser endda.

På de følgende steder beskæftiger vi os lidt med haver og blomster på Danmarks dejligste ferieø, Bornholm.

Her på siderne er vi på besøg hos savværksejer Poul Andersen og fru Valborg. Sammen bor de i en dejlig privatvilla, der støder op til deres hyggelige – og velfungerende – savværk, Frostegård Skæreri.

Det er Poul Andersens barndomshjem – han har hele sit 81-årige liv levet her i disse naturskønne omgivelser tæt på Almindingen og Ekkodalen.

Valborg og Poul Andersen har en nydelig samlerhave med lidt af hvert – bl.a. et gunnera-blad på ikke mindre end 2,35 m.

Og så hører der en ganske særlig historie til den have: Den ligger faktisk på en ø – midt på øen! Der er vand hele vejen rundt om grunden, thi den ligger netop mellem den gamle Møllerende og Læsåen. Så Valborg og Poul Andersens have ligger ikke bare på en ø – den ligger faktisk på to!

Brændegårdshaven

De fleste, der har besøgt Bornholm, har været inde og besøge øens kendte forlystelsessted "Brændegårdshaven" – børnenes paradis, men til en vis grad også de voksnes. Her er alt, der er sjovt – og iøvrigt et skønt vandland med swimmingpools, vipper m.m.

Men her er sandelig også noget at kigge på for haveinteresserede: "Brændegårdshaven", der ligger lidt udenfor Svaneke – har bl.a. 1500 tulipaner at byde på, et hav af dejlige sommerblomster samt mange fine, tropiske vækster.

Og som noget ganske særligt: Det imponerende og festlige blomsterur (ovenfor), der kan prale af at være Europas største blomsterur.

Brændegårdshaven er et væld af frodighed, lys, luft og vand. Her er godt at være for mennesker, hvilket tusinder har erfaret.

Når man er kommet ud over den alder, hvor det bedste i verden er en sejltur, en flyvetur i et Tarzan-tov eller en vandrutchebane, så er det en oplevelse i sig selv at sætte sig ned og beundre de botaniske sammensætninger, der findes i "Brændegårdshaven".

På havevisit hos Karen i Åkirkeby

Karen Jacobsen, der bor i skønne og hyggelige omgivelser lidt udenfor den gamle købstad Åkirkeby. Karen Jacobsen har en særpræget og nænsomt plejet have med hovedvægt på fuchsia, som hun også dyrker i drivhus.

– Det var såmænd min søster, der gav mig interessen, fortæller Karen Jacobsen. Hun havde mange flotte fuchsia, og så gik jeg selv i gang. Det er hyggeligt med de gæster, der nu kommer for at se min have. Gæsterne kan andet end at se på blomster: Karen Jacobsen har en lille udstilling af fint malede sten m.m., som hun sælger.

På havevisit hos Carl i Nexø

Den forhenværende planteskolemand Carl Ankjær Sørensen, Nexø, er en rask og rørig mand på 70. Det er svært at se det, for han er i fuldt vigør, men han medgiver, at han er blevet lidt mere doven i de senere år. Hans have er derfor stort set vedligeholdelsesfri:

– Ja, se det er jo fidusen, fortæller han mellem et af sine mange smil. I min alder er det rigeligt, at man skal slå græs og klippe hæk. Derfor har jeg arrangeret min have, så der næsten ikke er noget havearbejde. Men spændende og usædvanlig er her. Helhed i form og indhold på de 3000 kvm.

Den prægtige have

I den trykte brochure for Gavnø Slot ved Næstved omtales slottets park som Danmarks smukkeste have.

Det er reklameord, der er meget tæt på sandheden: Den prægtige slotspark indeholder så mange sjældne og spændende enheder, at slotsparken er blevet til en af Danmarks største turistattraktioner.

Smukt og imponerende ligger dette historiske klenodie som en autoritativ vogter af tusinde forskellige vækster.

Hele egnen i det syd-vestsjællandske taler sit eget sprog om en sjælden skøn del af Danmark.

Allerede i 1200-tallet lå der en sørøverborg på stedet, men den blev senere købt af dronning Margrethe I, der skænkede den til nonnekloster. Verden var også foranderlig på det tidspunkt . . .

I dag er Gavnø Slot et af Danmarks smukkeste rokokoslotte. Stedet byder de mange tusinde gæster på talrige oplevelser – uanset årstiden.

Der er noget ganske særligt, fornemt og stilfuldt ved at tage en spadseretur i de fornemme, men fredfyldte omgivelser. Det er meget nemt at lade fantasien få vinger og drømme sig tilbage til riddertid med bly jomfruer, drabelige kampe og flotte fester.

Slotsparken er som nævnt en af Danmarks smukkeste haver. Smukkest fremtræder den måske i det sene forår, men have- og blomsterelskere får naturligvis udbytte af at være til stede i alle de fire årstider. I selve slotsparken er der i dag mulighed for at købe talrige af de smukke vækster, der findes på området.

Heriblandt tusindvis af tulipaner, narcisser, hyacinter, krokus og andre løgplanter. Blomsterarrangementerne er lagt med hensyntagen til parkens perspektiver; det betyder, at der ustandselig åbnes nye vinkler for øjet. Det giver et forunderligt og spændende helhedsbillede.

Her er japanske kirsebærtræer, en stille sø kranset af narcisser, slottets rokokoeksteriør, en henrivende rødkalket bindingsværksbygning og meget, meget mere.

Træerne i parken er et kapitel for sig selv. Der findes mere end 101 registrerede arter.

Blandt mange andre kan nævnes amerikansk blågran, østrigsk fyr, argentinsk og chilensk sydbøg, californisk flodceder, kinesisk duetræ, iransk vingevalnød, græsk hestekastanie, østasiatisk tempeltræ,· japansk magnolie, marokkansk blå atlasceder, sibirisk ærtetræ og europæisk hængeblodbøg.

Der er således mange interessante varianter at studere – og det kan lade sig gøre på stedet fra maj til slutningen af august.

En imponerende park i engelsk stil, som alle haveinteresserede vil få glæde af at besøge.

Den kreative landbohave

Udefra ligner gården på Strandvejen i Vester Broby på Vestsjælland de fleste andre danske bondegårde.

Men det indtryk fjernes let og elegant, når man bliver præsenteret for gårdens to beboere, Ellen og Ebbe Jørgensen.

Begge udviser i deres dagligdag et kreativt niveau, der må betegnes som noget usædvanligt. F.eks. udfører Ellen Jørgensen alskens slags kunstværker (se bl.a. den festlige mælkejunge på billedet) samt en serie særdeles nydelige landskabsmalerier. Og nu er hun også begyndt at fremstille blomstermalerier i en kunstnergruppe.

Mange andre ting bliver skabt af Ellen Jørgensen – og flere af tingene bliver købt af de mange haveinteresserede, der besøger ægteparrets spændende gård.

Ellen og Ebbe Jørgensen har opdyrket en 3000 kvm. stor landbohave med to smukke vandpartier. Hele området er særdeles alsidigt beplantet med bl.a. alpine planter, fuchsia samt blomster til tørring. Og det gør det jo ikke værre, at besøgende under den almindelige beundring, pludselig kigger på et nysgerrigt hoved på en malkeko – lige ved siden af en af de spændende vækster.

Ellen og Ebbe Jørgensen er vant til at få besøg – og det synes de bare er hyggeligt, i al fald, hvis det er efter aftale. Og det er det jo som regel: Havefolket er et pænt og velopdragent folkefærd . . .

Vandpartierne er som nævnt nogle af de kønne ting, man kan finde i denne vaskeægte landbohave.
Og så er det såmænd ikke så mange år siden, at det sjællandske ægtepar besluttede sig til "at gøre noget ved haven".

Ganske vist havde de en pæn og almindelig have, men det var efter en rejse til Norge, at parret fik inspiration til at udføre det stykke havearbejde, som vi andre og de selv kan nyde i dag.

– Jeg kan huske, at vi stod og beundrede et smukt vandfald i den norske natur, fortæller Ebbe Jørgensen. Så besluttede vi os til at gå hjem og lave sådan et i haven – i mindre størrelse, naturligvis.

Det blev starten til en altoverskyggende hobby, som begge nu deler med glødende interesse. Det varede da heller ikke længe, før parret knyttede kontakt til Østifternes Haveselskab og rigtigt fik gang i havearbejdet.

Det er svært at tænke sig, at hvor der nu er stenanlæg med vandfald og andet – der var der for ikke så mange år siden et overbegroet område . . .

Ægteparret har boet i Vester Broby i mere end 26 år – og de har besluttet sig til, at de aldrig flytter derfra. Det forstår man. En udestue sikrer, at ægteparret får fuld valuta af den imponerende have – både sommer, efterår, vinter og forår – og de to kan bruge lang tid til at diskutere, hvilken årstid der er allerdejligst.

Selvfølgelig elsker vi sommeren og de lyse sommeraftener – men jeg kan godt sige dig, at vi aldrig bliver trætte af at stå op en vintermorgen – og den eneste lyd, du kan høre, er den nyfaldne sne's knitren under dine fødder . . .

Oasen ved Øresund

Sletten Strand er en pragtfuld lille oase, lidt gemt væk bag Strandvejen bag Humlebæk - så fredfyldt og malerisk, at man næsten ikke nænner at fortælle for meget om stedet: For meget trampen og bildytten vil være en katastrofe - ganske enkelt.

En af de mennesker, der er så heldig at have bopæl her, er fru Inga Nyhegn, der sammen med sin familie bor i villaen "Bella Vista" - med direkte kig ud over Øresund og over til Sverige.

Her har familien Nyhegn boet de sidste 30 år - og har næppe planer om at flytte derfra.

Den kønne og dekorative have bliver passet med kærlig hånd af Inga Nyhegn: Hun elsker havearbejdet - også det grove. "Det er godt at rode i mulden", siger hun, "og dejligt at se, når der bliver renset ud".

Haven til "Bella Vista" indeholder dejlige, farverige vækster - ovre på den anden side af vejen, på strandgrunden, har Inga Nyhegn sin køkkenhave.

Den fremtryller sprøde og friske grønsager og frugter: Heriblandt velsmagende hindbær, kartofler, porrer, grønkål m.m.

Blandt favoritblomsterne er liljekonvallerne, som haven har været så righoldig af, at familien kunne sælge af dem.

Haven ved Tingskoven

Tingskovhave er navnet på et stort staudegartneri i landsbyen Espe ved Ringe på Fyn.

Det indehaves og drives af familien Olsen, der har resideret på stedet de sidste 30 år. Siden 1972 har familien solgt planter fra deres fynske idyl.

Gartner Villy Olsen (billedet) er stort set født med en rive i hånden. Siden drengeårene har han været betaget af og interesseret i havearbejdet – og den glødende entusiasme fornægter sig ikke, når han tager en af havens mange gæster på rundtur på en lun sommerdag.

Det er spændende at studere den blomsterrige forevisningshave, som Villy Olsen især mener er dejlig i august. Det er den nu også mange andre måneder i året, og der er da også mange, der ynder at køre en tur forbi – når de da ellers har fundet vej gennem den kønne Tingskov.

Der er ca. 1200 forskellige stauder, alpe, sten, sump- og vandplanter og de blomstrer hele sæsonen. Og så har Villy Olsen sin helt personlige favorit blandt disse mange blomster: Den røde vortemælk, der står som busk, hvorefter den blomstrer hen på eftersommeren – og holder sig til frosten sætter ind.

Et dejligt gartneri og en spændende have – midt på frodige Fyn.

Grønt ved Øresunds blå bølge

Direkte ud til Øresunds bølge den blå ligger fashionabelt placeret villaen Rivera, der tilhører direktør Flemming Jensen, Tårbæk. (Billedet til højre).

I en underfundig blanding af orientalsk mystik, italienske terrasser og dansk beplantning, hæver den smukke villa sig smukt ud fra kysten til glæde for de forbipasserende til søs.

Rivera er opført i 1930 af tømrermester Nicolaisen og er senest bygget om i 1960.

I mellemtiden fristede Rivera en livlig periode som badehotel for det bedre, københavnske borgerskab.

Direktør Flemming Jensen har kuriøst bevaret facadeskiltet fra Riveras tid som badehotel, og det sker, at "bade- og hotelgæster" interesseret kigger forbi og spørger om husly.

Nogen større have levner Riveras særprægede og eksklusive beliggenhed ikke mulighed for, men spændende beplantninger sætter stedets karakteristika i et særligt relief.

Buske og eksotiske træer snor sig mellem oldgræske skulpturer og dramatiske, orientalske figurer.

På Øresundssiden tårner sig en italiensk

terrazzo, der besmykkes med enkelte grønne vækster i selskab med rød/hvide redningsbælter.

Den utraditionelle dekoration af denne terrazzo krones med et højt, vajende Dannebrog.

Allernederst finder vi en bred badegangbro – hvilende, på et leje af store strandsten, der kærligt modtager det friske pust fra sundet i al evighed.

Den sparsomme flora ved dette prægtige sted fremhæver den overvældende Middelhavsstemning, der lynhurtigt sætter ind allerede i de tidlige forårsmåneder.

Det er ikke Flemming Jensens plan at udplante meget mere end det eksisterende.

Han og hans familie holder af den enkle botanik, der præger Rivera.

Sådan har det været før, sådan bliver det siden.

En anden havekultur end de overvældende vækststeder, men på en raffineret måde en botanisk understregning af det væsentlige i beplantning selv på arkitektoniske perler i maritime omgivelser.

En perle midt i den danske rivera . . .

Dronningens Have

I København har vi Kongens Have. Men så må vi måske have lov at kalde slotshaven ved Gråsten Slot for "Dronningens Have"?

For alle danske ved jo, at netop denne have holder dronning Ingrid - mor til Danmarks nuværende dronning Margrethe II - særlig meget af.

Dronning Ingrid opholder sig fast på Gråsten Slot i august - og i denne tid koncentrerer hun sig særlig meget om den elegante have, der er anlagt omkring slottet. Dronning Ingrid holder især af at samle den ungdommelige del af den kongelige familie omkring sig i den periode - så det går livligt til i de sønderjydske, royale gemakker.

Der er åben adgang til slotshaven hele året - dog med begrænsninger i den måned, hvor dronning Ingrid opholder sig på stedet.

Gråsten Slotshave er intet ringere end en dejlig have, der er anlagt i engelsk stil. Dronning Ingrid sammensætter selv sine indendørs blomsterdekorationer efter de planter, der findes i haven. Den opgave overlader dronningen ikke til andre.

Et kendt dansk æble er "Gråstenæblet". Det gror naturligvis også lystigt i slotshaven, der indeholder flere æbletræer.

Faktisk menes æbletræerne i slotshaven at være stamtræ til de berømte Gråstenæbler – eller på tysk "Gravensteinapfel".

Ifølge oplysninger fra det 18. århundrede, stammer disse æbler helt nede fra Rhinlandet, hvorfra slottets daværende indehaver, grev Ahlefeldt, bragte dem til Gråsten i begyndelsen af 1700-tallet.

Overalt i slotsparken mindes man om dronning Ingrids store interesse for blomster. Der er endog udkommet en bog, der bare handler om dronning Ingrids blomster på Gråsten.

Og smukt er her – med et væld af spændende overalt i parken. End ikke, når de kongelige tager en dukkert i slotsparkens swimmingpool eller spiller et parti tennis, kan de undgå at lægge mærke til de mange tusinde, skønne blomster, som dronningen holder så vågent et øje med. I sandhed en Dronningens Have . . .

Den fynske idyl

Meget har man efterhånden hørt, set og fået fortalt om den såkaldte "fynske idyl", men det må charmere enhver at køre gennem den lille hovedgade i Taarup på vej mod Svendborg. For her finder vi om noget sted den fynske idyl, når den er dejligst.

I den gamle bymidte finder vi en større, smuk bondegård, hvor Inger og Simon Schaarup residerer.

Fra midten af maj til slutningen af september kan hele Danmark nyde denne helt specielle og meget fornemme landbohave. Smukke vækster, velsmagende frugter – familien Schaarup har det hele.

Inger og Simon Schaarups smukt beliggende landbohave, bemærker man straks, hvor fint haven er tilpasset de gamle bygninger. Alle tiders sted for alle, der er interesseret i vækster: Et sandt eldorado med noget for enhver smag. Indehaverne af dette pragtfulde sted er i dag begge gået på pension: NU er der tid til at passe det hele.

Her er et stort surbundsbed, vandpartier med alpint bed samt stauder. Og så er her naturligvis masser af søde og sprøde æbler, blommer samt andre velsmagende frugter og grønsager.

De fleste stopper op ved denne herlige oase på den – interessen bliver ikke mindre, når man erfarer, at der i "Den gamle Stald" sælges alskens håndarbejde, produceret af lokale kvinder.

– Vi var flere kvinder i byen, der kunne lidt af hvert, fortæller Inger Schaarup. En dag fandt vi ud af, at vi ligeså godt kunne prøve at etablere en slags arbejdskollektiv. Det er gået vældig godt. I dag sælger vi forskellige, hjemmelavede produkter i "Den gamle Stald". Vore gæster er glade for at kunne gå fra haven og ind i samlingsstuen, hvor man er hjertelig velkommen til at indtage sin medbragte kaffe, slutter Inger Schaarup.

Den grønne elegance

Det er jo imponerende og lækkert med en stor, velplejet græsplæne. Som man finder den hos Marianne og Niels Vinther, der bor i en dejlig villa i Gl. Holte nord for København.

Ægteparret har passet og plejet deres have, siden de rykkede ind for knap 23 år siden. Parret har en have på ca. 2500 kvm., så der er ikke noget at sige til, at de har besluttet sig for at lade græsset gro i den bagerste del af haven.

Her har de til gengæld slået en lille sti, som de nyder at gå en lille aftentur af.

– Vi er jo kommet lidt op i årene, fortæller Niels Vinther, så havearbejdet giver os en god motion. Vi nyder begge arbejdet i haven – og især er vi stolte af vore rosenbede – vi elsker begge to de flotte roser. Joh, det er et stort arbejde at passe vores have, men det er jo en dejlig hobby, som vi aldrig bliver trætte af.

Have Royal

Haven i tilknytning til Fredensborg Slot er en af de allermest kendte, royale haver i Danmark.

Men Fredensborg Slot er også et af de mest populære turistattraktioner: Hele verden vil se det danske eventyrslot, hvor prinsen fik prinsessen og det halve kongerige.

Der er sandelig også noget at kigge på: Fredensborg slotshave er en botanisk oplevelse med et væld af interessante vækster. Bemærk på de følgende sider den særlige "Rosenø", der er placeret som en havearkitektonisk perle bag i den lille kongelige særhave.

Her er al den flora, man kan ønske sig, men haven indeholder også spændende skulpturer samt det flotte salut-batteri her på siderne.

Det er et-pundige "Amusette"-kanoner i bloklavetter, system Karl af Hessen 1766.

Kanonernes rød-gule farve er identiske med farverne for den Oldenburgske hus' - kongefamiliens slægt - farver.

Det smukke haveanlæg, der er anlagt omkring Fredensborg Slot, er en af de haver i verden, der er betrådt af de fleste royale fødder.

En berømt historie fra Fredensborg fortæller om, hvordan en svensk turist i forgangne tider rettede et spørgsmål til tre herrer, der spadserede en tur i Fredensborg Slotspark.

Den ene præsenterede sig som kongen af Danmark, den anden som kongen af Grækenland og den tredje som zaren af Rusland.

- Då är jag ta mej Faen stormogulen av China, sagde svenskeren og gik hovedrystende bort.

GRÆSSET MÅ IKKE BETRÆDES

Men de tre herrer kunne meget vel have været tre kronede hoveder, thi på dette tidsrum residerede "Europas svigerfar", Christian 9. på Fredensborg.

Sammen med hele sin familie, børn og børnebørn, talte den danske kongefamilie langt over 500 personer, så der var trængsel, når alle de kongelige fra hele Europa mødte op på Fredensborg for at holde familiefest.

Og Chr. 9. elskede at have sin store familie omkring sig. På dette tidspunkt - i 1880'erne - så man det russiske, det britiske og det græske flag side om side med Dannebrog på Kongebroen ved Esrum Sø.

Her på siderne kan vi nyde synet af det majestætiske Fredensborg, der har været ramme om så mange store, royale begivenheder, bl.a. dronning Margrethes bryllup med Prins Henrik i 1967.

På det store billede ser vi bl.a. Frederik 4.'s kronede, botaniske monogram. Alleen fører direkte ned til Esrum Sø, selv om man knap kan skimte søen. Men det kunne man tidligere fra dette sted, så mon ikke det var en idé at få "åbnet" for udsigten igen? Fredensborg og dets store park er iøvrigt et af den nuværende kongefamilies yndlingsopholdssteder. Prins Henrik og de to prinser nyder en rask ridetur i de grønne omgivelser.

Ved vejen lå en have . . .

På hovedlandevejen ved Rønnede kører forbipasserende forbi et yndigt bondehus.

Her bor Rasmus Nielsen med sin familie – og de har det godt! Familien har bl.a. gjort en hel del ud af deres have og gårdsplads, som det fremgår her på billederne.

Familien beboer et gammelt, men traditionsrigt hus. Her boede tidligere de lokale vejmænd – og også en møllerfamilie har boet her.

I dag er vor tids bekvemmeligheder kommet til "Møllerens Hus", men det skænker Rasmus Nielsen ikke en tanke, når han går og pusler i haven. Dekorativt og malerisk ser det ud – og det er heller ikke så få turistbusser, der standser her og holder pause – til stor glæde for de udenlandske turister, der får alle forventninger om dansk bondeidyl opfyldt. Ikke mindst, når de beundrer partiet omkring den gamle brønd.

Familien har boet her på stedet i hele 28 år – og de kunne ikke drømme om at flytte, skulle vi hilse og sige.

På billedet havens ophavsmand Rasmus Nielsen med sin datter, Laila.

Her blomstrer kunsten

Et af de mest spændende museer i Europa ligger smukt placeret ved den nordsjællandske Øresundskyst.

Det er museet for moderne kunst, Louisiana, der er placeret i en stor gammel park med den dejligste udsigt over Øresund til Sverige.

Der hersker en umådelig afslappet og kunstnerisk stemning overalt på dette herlige sted, der i sin tid er skænket af en privatperson.

Den fine, gamle have indeholder interessante vækster, men er naturligvis først og fremmest tænkt som naturens egen kunstneriske ramme omkring de mange spændende arbejder, der udstilles på dette berømte museum. Parken indeholder bl.a. et gammelt gingkotræ - verdens mest primitive træ.

Plæner og træer giver den ideelle baggrund for museets samling af moderne skulpturer, mens billedkunstens selvsagt kan opleves i de nu så berømte museumsbygninger.

Louisiana er et attraktivt udflugtsmål - både for dansker og udenlandske gæster. Mange vælger at spise deres frokost i de grønne og smukke omgivelser - dekorative scenerier, der i sig selv kan være rene kunstværker.

Da kunstmæcen Knud W. Jensen overtog Louisiana i 1958 lå der en fin gammel rosenhave på stedet. Arkitektparret Ole og Edith Nørgaard fik til opgave at skabe havearkitekturen omkring Louisiana. I dag er det havearkitektparret Vibeke Holscher og Lea Nørgaard, der viderefører dette arbejde.

Parken indgår i det usædvanlige samspil mellem kunst, arkitektur og landskab, der er så karakteristisk for Louisiana.

Helt tilbage i 1861 startede arbejdet med at anlægge Louisianas fornemme park. Arbejdet blev sat i gang af den daværende ejer Alexander Brun, der nærede en stor forstinteresse. Brun var forøvrigt gift tre gange.

Grønne fingre i fiskerbyen

Helt oppe på toppen af Nordsjælland ligger den idylliske fiskerby, Gilleleje.

Adskillige af byens borgere har grønne fingre, men dette gælder i særlig grad journalisten Bjarne Castella.

Når den friske havluft står ind over den lille by, er Castella i gang i haven fra morgenstunden.

Her er søer, festlige vækster og meget andet for øjet. Og det er vigtigt for dennne flittige haveamatør at understrege, at den eneste planlægning, der ligger bag arbejdet i haven, er den, som den daglige inspiration indebærer.

Mange løjerlige arrangementer gør en spadseretur i journalistens have til en fornøjelig og særpræget oplevelse.

Medvirkende hertil er tilstedeværelsen af gæs, fugle og andre dyrearter, der gør haven til et særdeles livligt sted.

Naturen i den nordsjællandske fiskerby gør dens hyggelige indbyggere til et udendørsfolk. Derfor oplever de også i højere grad resultatet af deres anstrengelser i haven – som bl.a. hos den portrætterede.

I stil med Louis XVI

Den elegante Bernstorffspark i Gentofte er anlagt i forbindelse med Bernstorff Slot, der opførtes i Louis XVI-stil af arkitekt i 1759. Slottets have er præget af den franske havearkitektur: Et enkelt blik på de elegante stier og gange er da også nok til at bestemme havens inspirationskilde.

Slot og park blev opført som bolig til udenrigsminister J. H. E. Bernstorff. Senere blev Bernstorff Slot stillet til rådighed for kongefamilien som sommerresidens i perioden fra 1854 til 1906. I dag residerer Civilforsvaret på Bernstorff Slot.

Bernstorffparken har en stor tilhængerskare af faste gæster. Især sætter hundeejere pris på, at hunde må færdes uden at være i snor. Således ser vi i billedet øverst til højre, at skipper Mogens "Fulton" Frohn Nielsen skridter lavendelgangen af i selskab med sin gode ven, skibshunden "Bådsmand". På det store billede ses den hyggelige gartnerbolig, der anvendes af parkens personale.

Kongelig have for os alle . . .

Det Kongelige Danske Haveselskabs Have er det imponerende navn til det eksklusive anlæg, der er placeret ved Frederiksbergs Runddel og med fredelige naboer som Frederiksberg Have, Frederiksberg Slot samt Zoologisk Have.

Og kongeligt er stedet sandelig også med dets mange fine detaljer. Haven drives af vort ældste haveselskab på arealer tilhørende De kgl. Lysthaver.

Haven er åben hver eneste dag fra formiddag til solnedgang, og der er rigtig mange haveinteresserede, der benytter haven til dens egentlige formål: At være en inspirerende kilde for andre.

Haven er over 100 år gammel – og der er fantastisk mange spændende ting at se på på de ialt 25.000 kvadratmeter, som stedet er delt op i.

Haven består af mange små afdelinger med særlige temaer. Der er en særlig afdeling for bregner, hvor interesserede kan betragte ialt 52 forskellige slags bregner.

En ny afdeling er lynghaven, hvor rhododendron og lyng vokser i spagnum og udlagte siveslanger sørger for, at fugtigheden hele tiden er perfekt.

For de, der elsker sten, er afdelingen som en magnet: Her kan tilskueren se, når sten er lagt som snegle, som cirkler eller som rene skulpturer.

I stenhaverne kan man bl.a. se røde H. C. Andersen-roser med perlekurv som bundbeplantning.

Hele tiden overraskes man over denne haves mange skønne sjældenheder.

Udenfor drøner busser, biler og borgere afsted. Hovedstadens puls dunker hurtigere og hurtigere, men i det kongelige haveselskabs have står tiden nærmest stille.

Store partier af haven fremstår som da haven blev anlagt og tegnet første gang af kgl. haveinspektør H. A. Flint.

Stærke sanseindtryk for øjne og næse, og haveejere, der går hjem fyldt med inspiration. Ikke-haveejere får et indtryk af dansk havekultur fra før, denne verden gik af lave . . .

Hvor mange elskende, der sammen har nydt det smukke"kig" op til den gamle, gule bygning ved Frederiksberg Rådhus, vides ikke.
Til gengæld ved vi, at søen i haveselskabets have ligger, hvor den altid har ligget. Og at der er utroligt mange overraskelser placeret i dette traditionsrige sted, haveejernes "højborg" i Danmark.

Er man interesseret haveejer, er det ganske enkelt en nødvendighed at besøge haveselskabets have på Frederiksberg.

Den udsøgte villahave

Hjemme hos Sven og Erna Asserbo finder vi "den udsøgte villahave". Udtrykket er anvendt i fortegnelsen over åbne haver i Danmark – og det er ikke spor overdrevet.

For det hyggelige ægtepar i Maribo har virkelig formået at skabe en udsøgt privathave, hvor sten- og alpeplanter er blandt de fineste.

Her finder vi bl.a. ca. 25 Bonzai – og en nedlagt branddam er blevet til det dejligste, grønne parti.

Sven Asserbo har været særdeles aktiv i dansk havearbejde – også på organisationsplan. Interessen stammer såmænd helt tilbage fra den tid, hvor Sven Asserbo som skoledreng passede sin skolehave i København.

I dag kan parret høste anstrengelserne af deres havearbejde: Fra alle dele af landet kommer gæsterne strømmende – og de bliver modtaget gæstfrit – også af familiens lille selskabshund, der naturligvis har fået navnet: Fleur . . .

Fransk elegance

Lidt væk fra kystvejen i Hellebæk træffer vi et typisk eksempel på dansk havekultur, når den rigtigt er præget af den franske elegance.

Bag en privat bindingsværksidyl er anlagt en lille charmeperle, der har været 15 år undervejs – alt tilrettelagt af husets indehaver, der fra starten gik igang med papir og blyant og anlagde sin have.

Haven indeholder en række haverumsvu'er, afgrænset af bøgehække. Besøgende spadserer dermed fra rum til rum – fra oplevelse til oplevelse.

Man kan bl.a. gå på opdagelse mellem skyggeplanterne på stien langs det åbne skel til skoven, pludselig er man i et rum, hvor der er anlagt parterrehave med lavendler, slyngroser m.m.

Og så hører det med til historien, at havens indehaver holder meget af de skøre påfund, som f.eks. englændere også holder så meget af: "Garden follies", skøre ting på skøre steder.

Peter Hansens Have

En helt usædvanlig dansk privathave finder vi på Nakskov-kanten, hvor Peter Hansen har sin have.

Sammen med sin familie passer den driftige havemand en af Danmarks største private plantesamlinger på hele 6.000 kvm., der er delt op i to afdelinger.

Stedet er ganske usædvanligt: Haven er en udpræget plantesamlerhave, der er anlagt i naturalistisk stil, tegnet og anlagt af ejeren selv. Inspirationen har Peter Hansen fået fra talrige, botaniske besøg i England, hvor han ifølge sin familie kan være ret ulidelig at være i selskab med: Han bruger stort set alle døgnets 24 timer på sin altoverskyggende interesse: Haver!

Peter Hansen er endog særdeles kyndig på området og hans have er afgjort et besøg værd. Peter Hansens have er såkaldt åben have, og der er åben daglig fra maj og helt frem til november. Et sted for alle botanisk interesserede: Her er stort set det hele . . .

På toppen af Sjælland

Der jo dejligt i Hornbæk – Nordsjællands eksklusive badeby. Når det er lykkedes at kæmpe sig gennem flokken på hovedgaden, så findes den rene idyl næsten overalt.

Lidt uden for selve Hornbæk finder vi den prægtige trævilla "Melbyehus". Her er der over 2000 kvm. have at passe, og det er et dejligt sted at spadsere.

Man kommer let omkring via stedsegrønne kroge og stier.

Der er grønt og dufter dejligt frisk – og selve huset er en passende baggrund for alt det grønne. Den røde villa minder mest af alt om en større villa i det svenske skovland – men det er jo heller ikke det værste, man kan minde om . . .

Overraskelser midt ude på landet

Man træder ikke Inger og Bent Ravnkilde for nær, når man siger, at de bor rigtigt ude på landet.

For deres dejlige landsted i landsbyen Sørup ved Støvring ligger virkelig langt ude på landet.

Så meget desto mere overrasket bliver de besøgende, når de bliver vist rundt i ægteparrets dejlige have, der rummer et væld af overraskelser.

Haven er mere end end interessant forevisningshave, der indeholder en lang række sjældenheder.

Her er samtidig en alsidig staude- og stenbedsplanteskole, der rummer et antal sjældne buske og træer.

Men som så mange andre havefolk, dyrker parret også en lang række spændende frugter og grøntsager: Ikke mindst druerne er søde og velsmagende, men der er mange andre lækkerier.

For besøgende virker det meget overraskende at finde dette frodige sted midt ude på den jyske mark. Så meget mere behageligt er det at spadsere rundt på stedet, der har været i familiens varetægt i mere end 25 år.

Tidligere var huset i Bent Ravnkildes forældres eje, så det er ikke for meget sagt, at han kender hver krog i haven. Det samme gør iøvrigt husets søn, der går ivrigt op i havearbejdet.

"Fodbold? Hvad er det", spørger han, mens han ivrigt tager del i havearbejdet . . .

En fuchsiahave bag parcelhuset

Syd for Ålborg, i den driftige handelsby Års, bor Helga og Svend Åge Rasmussen.

De bor i et pænt parcelhus, men dermed hører ligheden med andre parcelhuse også op. For ægteparret har tillige en af landets smukkeste fuchsiahaver med over 1.000 fuchsiaer, liljer, iris, alpine planter, primula, astilbe samt en havestue med hele 200 orkideer.

Dèt var fru Rasmussen, der fik ideen til det, der i dag er blevet et udflugtsmål for haveinteresserede i hele Jylland.

I dag går begge ægtefolk lige højt op i deres raffinerede have med de mange spændende vækster.

Oasen mellem rutcheturene . . .

Ganske vist kaldes Tivoli for den gamle have, men det andet store forlystelsesetablissement, Dyrehavsbakken, kan også stille op med en have. Det lyder fuldstændigt skørt, men er ikke desto mindre sandt: Dybt nede under hvinende mennesker, der i susende fart flyver afsted i Dyrehavsbakkens rutschebane, allerdybest nede: Der finder vi en af landets mest spøjse haver.

Bestyreren af denne Dyrehavsbakkens kendteste forlystelser har såmænd (kan det være mere dansk?) anlagt en køn lille have, hvor han sammen med sin familie kan slappe af mellem rutscheturene.

Der er lavet en lille sø midt i haven – og den er såmænd også belyst.

Der er borde og bænke – og inden forlystelserne for alvor kører derudaf, kan her såmænd være noget så fredeligt og dejligt.

Det er ikke mange af Dyrehavsbakkens glade gæster, der drømmer om at finde en botanisk plet midt i al hurlumhejet. Men det er der altså.

Og det er ganske vist . . .

Fransk og engelsk på Fyn

Herregården Egeskov ved Kværndrup på Fyn har på mange måder været præget af overklassens forgyldte liv.

I dag symboliseres det bedst ved Piet Heins forglydte superellipser (det store billede) i den 28 tønder land store park, der omkranser den imponerende hovedbygning, opført i 1554 af Chr. d. 2.'s personlige rådgiver, lensmand Frands Brockenhuus.

Lensmanden selv fik imidlertid ikke nogen forgyldt slutning på sit liv: Han faldt for en kugle, foran Varberg Fæstning.

Frands Brockenhuus går dog ikke igen i Egeskovs imponerende haveanlæg, så selv svenske turister bliver ikke forstyrret i betragtningen af anlæggets mange smukke detaljer.

Et væld af interessante islæt møder den besøgende, heriblandt både engelske- og franske haver.

Besøgende kan gæste stedet daglig fra maj til september – og selv for ikke-haveinteresserede er der noget at beskue: I 1967 åbnede greve Claus Ahlefeldt-Laurvig-Bille et spændende veteranbil- og flymuseum på Egeskov.

Der hviler et romantisk skær af herregårdsmystik på hver eneste centimeter af Egeskovs smukke haveanlæg.

Navnet Egeskov stammer fra hele den egeskov, der efter traditionen blev anvendt af bygherren til piloteringen af godset.

Og der skal ikke megen fantasi til at forestille sig, hvordan herregårdslivet udformede sig omkring det 17. århundrede.

Således måtte Jomfru Rigborg lide den tort at blive indespærret i hele fem år af sin fader, Laurids Brockenhuus, efter en hyrdetime med en af godsets junkere.

Den slags tolererede en gudsfrygtig fader ikke – og da slet ikke, da forholdet fik følger.

Men tiden gik, og Egeskov skiftede ejermænd undervejs.

Det var således Niels Krag den Yngre, der omkring 1730 begyndte at opføre Den Franske Have, der er karakteriseret ved klar symmetri, klippede hække og alléer i bøg, avnbøg og lind.

I dag består det samlede haveanlæg af flere havearrangementer, heriblandt en fuchsiahave med 75 arter, en renæssancehave, en barokhave, den engelske have, en vandhave, en staudehave, en fynsk bondehave samt en spændende urtehave anlagt helt tilbage i Chr. d. 4.'s tid.

Der er således nok at se på; især er den fynske bondehave et interessant islæt – en herlig kontrast til de velfriserede barok- og renæssanceanlæg.

Talrige arter er repræsenteret i den spændende blomsterpark. Historisk interesserede vil bemærke de bevarede dele af Niels Krags barokhave.

Et smukt renæssance-parterre med springvand og buskbomfigurer er anlagt ved Egeskovs østfløj. Denne del af haveanlægget er skabt i 1962 af professor F. Duprat, Versailles.

Herregården Egeskovs prægtige hovedbygning er den fornemme baggrund for en fascinerende haveoplevelse.

Casa delle Rose
365

En have med stemning og charme

Stemningsfyldt. Det er ordet om Jørgen Høyers dejlige villa på den eftertragtede Skovshoved Strandvej nord for København.

Ved et tilfælde kom ejendommen i Jørgen Høyers besiddelse for en halv snes år siden. Selv er han født i Tårbæk, så han føler sig selvsagt meget hjemme i Skovshoved, hvor han også er en af kræfterne bag det populære Skovshoved Hotel.

Meget haveforstand havde han ikke, da han overtog huset. "Appetitten kommer, mens mand spiser", siger Jørgen Høyer – og selv han har fået meget mere greb om havearbejdet, efterhånden som han har kastet sig ud i det.

I dag bliver han lidt stolt, når venner og bekendte spørger ham til råds i havesager. Og nydelig er hans lille villahave skam også med skulpturer, baghave og kønne beplantninger.

Den kønne indgang til huset er den perfekte entré til et kønt lille stykke af Danmark.

Det lille herresæde

Mellem Vejle og Kolding finder vi den jyske natur, når den er mest jysk.

Også i landsbyen Jordrup, hvor ejendommen "Højgaard" er opført. Vi kører op ad en imponerende indkørsel og svinger op foran ejendommen. Det minder faktisk om et helt lille herresæde, og sikkert er det, at den 3000 kvm. store samlerhave bag ejendommen er et herresæde værdigt.

Haven er skabt at Vera og Hans Erik Kjær Petersen, der rykkede ind på ejendommen i 1972. Dengang havde huset været udlejet i en halv snes år – og haven så herrens ud.

Men det flittige ægtepar tog fat – og i dag kommer have interesserede langvejsfra for at studere de imponerende vækster i "Højgaard"s have. Parret holder såkaldt "åben have" i de tre sommermåneder.

Vera og Hans-Erik Kjær Petersen har i dag god tid til at passe deres have.

Vera Kjær Petersen interesserer sig især for alpinplanterne og staudeme. Alpeviolerne har en særlig plads i hendes hjerte: Forståeligt; selv i januar kan en lille alpeviol titte frem.

Frøene kommer helt fra England, Skotland og Sverige - gode venner har endda bragt nogle med hjem fra russiske Kaukasus. Men de er i gode, jyske hænder hos familien Kjær Petersen.

Og så kan det hyggelige ægtepar i modsætning til så mange andre havefolk ligefrem slappe af i deres have.

De behøver ikke arbejde hele tiden . . .

Kolonihaver – et kapitel for sig

Det er 164 år siden, at den første kolonihave så dagens lys i Danmark. Det arbejdende Danmark fik hermed muligheden for at stikke af fra storbyen – ud i den friske luft, og dyrke blomster og grønsager.

Kolonihaverne er blevet noget meget dansk. Hyggen og trivslen er enestående: En sommersøndag i en dansk kolonihave er noget af det mest nationale, man kan forstille sig: Dannebrog blafrer fra tusinde af flagstænger, den danske øl & snaps er på bordene samt godt, velsmurt smørrebrød.

Rammerne omkring dette er et orgie i mere eller mindre vellykket arkitektonisk opfindsomhed – det samme gælder for anlæggelsen af de mange tusinde kolonihaver, som danskerne boltrer sig i.

Der er i dag over 400 haveforeninger fordelt over hele Danmark. Her trives flora og mennesker side om side. Kolonihaver er ikke bare "GODT NOK", som huset her på siderne er døbt. Kolonihaver er opfyldelsen af havens fineste pligt: At adsprede og glæde mennesker . . .

GODT-NOK
LILJEVEJ

Ursula König har i nogle år haft sin dejlige have i den iøvrigt særdeles nydelige havekoloni "Brønshøjholm", der er smukt placeret ved Utterslev Mose (de to øverste billeder).

Ursula König nyder de mange dejlige timer i haven sammen med sin ven. Hun er især glad for sine georginer, men har det som så mange andre: Hun elsker stort set alle blomster.

– Jeg hører til den type, der siger: Jo flere blomster, jo bedre, smiler Ursula König. Og sandt er det, at hun har mange dejlige blomster omkring sit hus "Lykkebo".

– Blomster er så spændende, fortæller hun. Jeg nyder at gå rundt og sludre med andre om deres erfaringer. På den måde lærer man mere og mere om den spændende botaniske verden.

Nederste billede til venstre viser Danmarks måske mest berømte kolonihavehus: Huset "Søtter" fungerer i dag som en slags museum for danske kolonihavehuse. Huset står i havekoloniforeningen "Vennelyst", der er anlagt midt i Kongens København – og lige bag Christianshavns Vold. Huset her – med tilhørende have – bliver fotograferet af tusinder og atter tusinder turister hver sommer.

På billedet ses to beboere fra havekolonien, Olga Nielsen og John Hessel, i en hyggelig havesludder over en frisklavet kop kaffe. Som andre, vaskeægte kolonihaveboere, kan de to altid slå en hyggelig sludder af om havearbejdet: Og som det ses er der også tænkt på det botaniske omkring kolonihavehuset "Søtter". Nederst til højre en af de velanlagte haver i "Vennelyst".

Huset på foregående side er jo bare dejligt. Det klassiske kolonihavehus med tilhørende have. Hyggeligt og dejligt – og så dansk, at det halve faktisk kan være nok. Huset ligger bag Christianshavns Vold i havekoloniforeningen "Vennelyst", hvor også motiverne på disse billeder stammer. Havekolonien kan næste år fejre 100 års fødselsdag – og er dermed ældste havekoloni i Kolonihaveforbundet.

På billedet nederst til højre får vi endnu et indtryk af det botaniske liv i "Vennelyst".

Havekolonien udmærker sig på samme måde som så mange andre havekolonier: Der er en udbredt grad af solidaritet og sammenhold på stedet. Det giver sig bl.a. udslag i mængder af gode råd og hjælpende, botaniske hænder.

Billedet øverst til højre viser kolonihaveforeningens berømte "Kuppelhus". Trods sit eksotiske ydre er huset såmænd bygget i Roskilde. Senere oplevede det nogle år som en af attraktionerne ved dyrskuerne på Bellahøj, inden Kolonihaveforbundet besluttede sig til at opstille det i "Vennelyst" på Christianshavn.

Nederst til højre kan vi se "Smedens Hus" – selvsagt opkaldt efter den smed, der i sin tid opførte hus og anlagde have.

Der er meget at kigge på i "Vennelyst". Som der iøvrigt er i de fleste andre kolonihaver. Men "Vennelyst" udmærker sig ved at være anlagt midt i Danmarks hektiske hovedstad. Kun fem minutters gang fra selve Rådhuspladsen. Men beboere og besøgende føler en særlig fredfyldt atmosfære, når de på dejlige sommeraftener hygger sig i haven.

Som det så rigtigt hedder på huset nederst til venstre: Fristed. Og alle kan vel forstå, at husets indehaver, Gulda, der sidder hyggeligt uden for sit hus i "Vennelyst", opfatter dette dejlige sted som et rigtigt fristed, hvor tankerne kan falde til ro og skabe fred i sjælen. Som det også ses på billedet har Gulda en nydelig og velfriseret have, fyldt med små finurligheder.

På det øveste billede på samme side har vi fået et kig ind i Kaj Andersens have. Kan man ikke ligefrem dufte sommeren?

Billedet øverst på side 117 viser huset, der tilhører John Hessel – nedenfor et andet typisk billede: Kolonihaver er andet og mere end pæne blomster – det er også et sted, hvor tusinder af mennesker vælger at bo hver eneste sommer.

Vi er ved at være ved vejs ende ved dette lille kapitel, der handler om kolonihave huse i Danmark – først og fremmest kolonihaveforeningen "Vennelyst" ved Christianshavns Vold. Og de gode folk i "Vennelyst" kan glæde sig over, at der foreløbig er fred og ingen fare for deres huse indtil år 2011. Og ingen kan vel heller ikke til den tid finde på at ændre områdets status som et grønt åndehul midt i København?

På de næste to sider kan De se en af de glade kolonihavefolk i Danmark. Det er Bitte udenfor sit dejlige havehus "Dit & Mit". Bemærk den lille miniature af "Kuppelhuset", der står til venstre i haven. Og bemærk iøvrigt alle de andre små ting, der gør et ophold i en havekoloni til så spændende en oplevelse for alle, der kan lide blomster og grønt.

Antikke blomster

Indehaverne af den kendte antikvitetsforretning "Sletten Antik" i Nordsjælland kan vel ikke prale af at have ældre blomster end andre haveejere – men så har de til gengæld så mange spændende og kønne ting indenfor.

Udenfor har de derimod en dejlig udstilling af smukke, farverige blomster – en flora, der på sin egen måde er en slags blikfang for antikvitetsforretningen.

Indehaverne er Else Kjeldstrøm og Johannes Faurskov Laursen. Det er sidstnævnte, der har jobbet som "havemand" – en kærkommen forpligtelse, iøvrigt.

Parret har været i Sletten siden 1968 – og i lige så lang tid har de nydt den frodige have med de fine ting.

– Der er såmænd ikke noget specielt, vi foretrækker fremfor andet, fortæller Else Kjeldstrøm. Vi er glade for alle de vækster, der trives i vores have.

– Og det glæder os naturligvis, at der er så mange af vore kunder, der kan lide at dvæle en stund ved de botaniske omgivelser omkring forretningen.

140

Et stykke plante-historie . . .

I den idylliske købstad Vordingborg ligger det karakteristiske "Gåsetårnet" (billedet øverst til højre), der er kendt af de fleste danskere.

Skråt bagved ligger smukt placeret intet mindre end et fornemt stykke botanisk historie. Det er Historisk-Botanisk Have, der er placeret i forbindelse med Sydsjællands Museum.

Haven indeholder bl.a. 400 læge- og krydderurter, blomster og buske. Den er etableret helt tilbage i 1921 og er en lille perle for alle, der er botanisk interesseret.

Det er på Frederiksberg . . .

Der er trængsel og alarm hver eneste søndag eftermiddag omkring Frederiksberg Runddel ved den travle Pile Allé.

Det er som om, at alle indbyggerne i den fine, gamle bydel sætter hinanden stævne på dette tidspunkt i områdets dejlige oase, Frederiksberg Have.

Om sommeren er her tilstande som i Central Park, New York: Unge, der løber på rulleskøjter, studerende, der læser på de store plæner, kærester, der går hånd i hånd, børn, der sætter drager op (sammen med deres barnlige fædre) - og unge piger, der soler sig.

Om efteråret er det som om, der er endnu flere, der søger mod den gamle have: Det er simpelt hen det rigtige sted at tage på en rask efterårstur efter frokost - når de vidunderlige efterårsfarver spejler sig i det imponerende Frederiksberg Slot - og den varme the venter hjemme i den lune stue.

Om vinteren genindtager haven sin rolle som en af byens største legepladser: Her er glade børn med kælke, her er skiløbere af alle arter - og her er sværmeriske par på isskøjter - alt, hvad der hører sig vinteren til i en stor park og have.

Foråret er et kapitel for sig: Når alt springer ud, og den store park rigtigt kommer til sin ret med sine kanaler og elegante lindealleer.

I Frederiksberg Have er der særligt mange forårsblomster, så trods alle de øvrige årstiders charmerende egenskaber, er det nok på denne årstid, at haven tager sig allermest charmerende ud.

Det er da også om foråret, at stedet danner rammen om alskens livsbekræftende aktiviteter. Når vi kan leve udendørs igen.

Til stor overraskelse for de mange turister, der gæster Frederiksberg Have, optræder der pludselig den nydeligste scenografi placeret midt i havens mange smukke botaniske glæder: Den kinesiske Pavillon (forrige side) med tilhørende bro (denne side).

Disse rene, arkitektoniske perler er opført af arkitekten Andreas Kirkerup og må i dag betragtes som havens varemærker.

Broen fører over en af de charmerende kanaler, hvorpå der om sommeren færdes en efterspurgt kanalrundfart.

Sejlturene på kanalerne i Frederiksberg Have er intet mindre end dansk kulturhistorie.

Nationaldigter Adam Oehlenschläger skrev følgende hyldest til den royale familie, der først og fremmest forbindes med Frederiksberg Slot: Frederik d. 6. og dronning Caroline Amalie:

"Frederik & Caroline,
Maria, Vilhelmine.
Kostbare Fragt! I, alle danskes Glæde!
Stolt svulmer purpurfloret
med hviden Kors, thi Kongen staar ved
Roret."

Tydeligvis inspireret af de kongelige sejlture på kanalerne.

Omkring 1800 ændredes den franske have til engelsk landskabsstil, som den fremtræder i dag. Dette arbejde blev udført af en selvlært gartner ved navn Peter Petersen – en ikke så ringe indsats, må man sige.

Frederiksberg Have fremstår i dag som det klassiske danske eksempel på den romantiske have. Herved skal forstås den arrangerede natur med de indbyggede "overraskelser". For mange er den daglige spadseretur netop dette sted blevet noget nær en livsnødvendighed . . .

Frederiksberg Have har æren for en hel del dansk litteratur: Sådan at forstå, at haven har dannet rammen om mange tanker, som danske litterater har udtænkt, inden de nedfældede dem på papiret.

Om plantevæksten har givet dem inspiration? Klart. For der er meget at kigge på, under en spadseretur i Frederiksberg Have. Og det holder vi jo alle af, når vi er ude og gå en tur.

Den grønne plet på landet

Bare en halv times kørsel fra København finder vi den idylliske landsby, Snoldelev. Gemt lidt væk bag indkørsel og buske ligger en af landets dejligste haver.

Fru Inger Elm har den smukkeste have med et væld af dejlige og sjældne træer: Ialt 400 forskellige arter og de fleste af dem er navngivne.

Og i samarbejde med Botanisk Have vil alle havens arter blive navngivet efterhånden.

Inger Elm har boet længe her. Inger Elms afdøde mand var agronom, og det er let at se, at stedet bærer præg af en fagmands hårde arbejde. Det er svært at fremhæve enkelte vækster fremfor andre. Blot må man konstatere, at den store og elegant anlagte have er en sand fryd for haveinteresserede, som der også kommer mange af. Inger Elm fremhæver sit arktiske træ blandt mange andre. Smukt er også partiet ved pavillonen med sten- og vandanlæg.

Det er lykkedes at skabe en have, der danner rammen om fornemme og sjældne vækster – og virker som et grønt åndehul midt i det sjællandske landskab. Skabt med nænsom og kærlig hånd, vidner den om dyb respekt for det havearkitektoniske

Sophies farvesymfoni

På en stille sidevej i Hornbæk bor Henny og Jørgen Pedersen. De bor på et dejligt sted, der har været i Henny Pedersens slægts eje siden begyndelsen af 1800-tallet. Dengang blev huset opkaldt efter fruen i huset og fik navnet "Sophies Trøst".

De nuværende beboere rykkede ind for knap 25 år siden – og de har søgt at bevare stedets karakteristika. Det gælder især for havens vedkommende, hvor Jørgen og Henny Pedersen lægger vægt på mange og varme farver. Det fremgår af disse billeder, hvorpå bl.a. optræder Jørgen Pedersen med plejehunden "Scot".

– Vi kan lide alle blomster, måske med en lille forkærlighed for ærteblomsterne. Men først og fremmest er vi glade for en form for farvesymfoni – en glæde, som vore forgængere i huset har delt. Som tidligere kartoffelavlere siger det sig selv, at familien også flittigt passer en dejlig køkkenhave. Glæden ved nye kartofler, koldt smør og en sild eller to forsvinder aldrig. Det gør interessen for haven naturligvis heller ikke . . .

Den grimme ælling . . .

Historien om Amaliehaven midt i Københavns hjerte minder på mange punkter om H. C. Andersens smukke eventyr om den grimme ælling, der blev til en stor, flot svane.

For der lød et ramaskrig, da Københavns kommune og det store danske skibsrederi, A. P. Møller, i skøn samdrægtighed anlagde havearrangementet på området mellem Københavns Havn og selveste Amalienborg Slot.

I og for sig en ganske nærliggende og naturlig tanke, idet området på denne vis kunne indgå i den imponerende havnefront, der i dag tiltrækker både københavnere og turister. Der er skabt mulighed for en herlig spadseretur fra Kvæsthusbroen og Toldboden.

Forhistorien var, at skibsreder Mærsk McKinney-Møller tilbage i slutningen af 1970'erne forærede Københavns kommune dette stykke jord, så der kunne blive anlagt en smuk have – til glæde for københavnere og turister.

Fra starten rejstes mistroiske røster: En slags reklame for skibsrederen? Ødelæggelse af en af de helt centrale pladser midt i Dronningens København?

Og da havearbejdet skred frem, rejstes endnu flere kritiske røster: "Makværk", "Uhyggeligt" var nogle af de mere smigrende kommentarer, som projektet fik.

Overalt var der modstand mod planerne. Ingen kunne tilsyneladende se det færdige resultat for sig.

Den grimme ælling var født . . .

Men grimme ællinger har det som bekendt med at vokse sig store og flotte.

Og sådan gik det i sandhed også for Amaliehaven, der i dag er en luftig, kølig, og forfriskende oase midt i den pulserende hovedstad.

Som en slags naturlig port fra havnen, fungerer hele haven nu som en slags forhave til Amalienborg. Og vore internationale gæster er slet ikke i tvivl: Det må være et arrangement, der er lige så gammelt som selv slottet . . .

Indtil guiderne får sat tingene på plads og får forklaret sagens rette sammenhæng: Ingen af turisterne kan dog forstå, at der var modstand mod det dejlige anlæg med det dejlige navn.

Og herligt er her da også – på alle tider af året. Skønnest naturligvis om sommeren, hvor det mere end imponerende springvand giver et tiltrængt, køligt pust.

Lyden af det brusende vand kombineret med det diskrete, botaniske farveorgie rundt i haven, gør Amaliehaven til et dejligt sted at være.

Slet ingen tvivl om, at den kongelige familie i de royale, tilstødende gemakker, sætter stor pris på at have udsigt til anlægget, der i dag begejstrer alle – turister som fastboende københavnere. (Faktisk er Amaliehaven, havnefronten samt Amalienborg noget af det smukkeste, denne by kan tilbyde sine borgere).

Anlægget er opbygget i marmor og med et væld af kaskader. De botaniske vækster enkle og smukke. Prægtig og imponerende i sin helhed.

Som den smukkeste svane . . .

Og det er således ganske vist, at historien om dette kønne stykke København på mange måder kan minde om det populære eventyr af H. C. Andersen. Men det passer jo i grunden også meget godt . . .

Botanisk Have

Botanisk Have i København er velkendt – især for sit smukke palmehus, der er opført helt tilbage i 1873 og fornyet i 1985. Til gengæld kan det oplyses at Botanisk Have i København stammer helt tilbage fra 1600-tallet, hvor den blev anlagt af Chr. d. 4. (Hvad den mand dog ikke har på samvittigheden!).

Dengang lå haven i forbindelse med Københavns Universitet i den såkaldte Skidengade (i dag Krystalgade).

Det var den medicinske professors opgave at passe haven, idet det dengang mest af alt var en medcinsk have. Han anvendte den iøvrigt også som sin private lysthave – det var først senere, at der var råd til at ansætte noget så fint som en gartner . . .

I dag er haven smukt placeret mellem Gothersgade og Øster Voldgade – og den breder sig over hele 10 hektar. Haven har haft sin nuværende placering siden 1872 – og den rummer i dag mere end 20.000 vækster, hvilket gør Botanisk Have i København til en af Europas største.

I dag er Botanisk Have naturligvis et af Københavns yndede udflugtsmål – lige elsket af unge som ældre, københavnere og turister – ja alle, der kan lide at være tæt på botanik.

Den dejligste Have

Den dejligste have? Tivoli? Tja. Læserne vil sikkert undskylde, men mon dog ikke de fleste af os kan gå med til at Carstens gamle forlystelsesetablissement i det mindste er et mere end dejligt sted?

Det er vel de færreste i lille Danmark, der aldrig har været i Tivoli. Og det er helt sikkert de færreste turister, der har været i København og ikke været i Tivoli – i sæsonen fra maj til september, forståes?

Men hvorfor er den gamle have nu noget ganske særligt? Hvorfor fortrylles både københavnere og turister over den særlige atmosfære, der hviler over dette sted?

Forklaringerne er mange. En af de væsentligste er det kolossale arbejde, som haven hvert år iværksætter på det botaniske område. Det er et kapitel helt for sig . . .

Tivoli har en meget vigtig mand – og det er Tivolis overgartner.

Under ham befinder der sig en stab af trofaste og blomsterglade medarbejdere, der hvert år præsterer et fornemt stykke arbejde og udstyrer Tivoli med en overdådig botanik.

Verdensberømt, sådan omtrent, er havens store blomsterfestivaler, hvor tusinder og atter tusinder af blomster præsenteres for publikum. Og her har vi bestemt en af Tivolis store hemmeligheder: I Tivoli kan man ånde – der er en duft så frisk, som ingen andre forlystelsesparken kan præstere.

I hjertet af København, med højhuse, trafik og meget andet godt – lige der finder vi en oase, så hyggelig og skøn, at vi næsten alle kan fornemme atmosfæren bare ved at læse om den. Tivoli er et festfyrværkeri af blomster – og et festfyrværkeri af stemning og atmosfære